AF603015

CONSEIL D'ÉTAT.

Épreuve.

DISCUSSION
DU PROJET
DE CODE CIVIL.

N.° 16.

SÉANCE du 23 Nivôse, an 11 de la République.

LE SECOND CONSUL préside la séance.

Le C. TREILHARD présente le chapitre VII du titre *des Successions*, intitulé *du Partage et des Rapports.*

Le §. I.er est ainsi conçu :

De l'Action en partage, et de sa Forme.

Art. CIII. « Nul ne peut être contraint à demeurer » dans l'indivision; et le partage peut toujours être » provoqué, nonobstant prohibitions et conventions » contraires.

» On peut cependant convenir de suspendre le partage » pendant un temps limité; mais cette convention ne » peut être obligatoire au-delà de cinq ans.

Art. CIV. » Le partage peut être demandé, même » quand l'un des cohéritiers aurait joui séparément de » partie des biens de la succession, s'il n'y a eu un acte » de partage ou possession suffisante pour acquérir la » prescription.

Art. CV. » L'action en partage à l'égard des co- » héritiers mineurs ou interdits, peut être exercée par » leurs tuteurs spécialement autorisés par un conseil de » famille.

» A l'égard des cohéritiers absens, l'action appartient » aux parens envoyés en possession.

Art. CVI. » Le mari peut, sans le concours de sa » femme, provoquer le partage des objets meubles ou » immeubles, à elle échus, qui tombent dans la com- » munauté. A l'égard des objets qui ne tombent pas en » communauté, le mari ne peut en provoquer le partage » sans le concours de sa femme; il peut seulement, s'il » a le droit de jouir de ces biens, demander un partage » provisionnel.

» Les cohéritiers de la femme ne peuvent provoquer » le partage définitif qu'en mettant en cause le mari et la » femme.

Art. CVII. » Si tous les héritiers sont présens et ma- » jeurs, l'apposition des scellés sur les effets de la suc- » cession n'est pas nécessaire, et le partage peut être fait » dans la forme et par tel acte que les parties intéressées » jugent convenables.

» Si tous les héritiers ne sont pas présens, s'il y a parmi » eux des mineurs et des interdits, le scellé doit être » apposé dans le plus bref délai, soit à la requête des » héritiers, soit à la diligence du commissaire du Gou- » vernement près le tribunal de première instance, soit » d'office par le juge de paix dans l'arrondissement » duquel la succession est ouverte.

Art. CVIII. » Les créanciers peuvent aussi requérir » l'apposition des scellés, en vertu d'un titre exécutoire ou » d'une permission du juge.

Art. CIX. » Lorsque le scellé a été apposé, tous créan- » ciers peuvent y former opposition, encore qu'ils n'aient » ni titre exécutoire, ni permission du juge.

» Les formalités pour la levée des scellés et la con- » fection de l'inventaire, sont réglées par le Code judi- » ciaire.

Art. CX. » Si l'un des cohéritiers refuse de consentir » au partage, ou s'il élève des contestations soit sur le » mode d'y procéder, soit sur la manière de le terminer, » il en est référé au tribunal, qui prononce sur la diffi- » culté, ou qui commet, s'il y a lieu, un des juges, » pour les opérations du partage.

Art. CXI. » L'action en partage, et les contestations » qui s'élèvent dans le cours des opérations, sont sou- » mises au tribunal du lieu de l'ouverture de la suc- » cession.

» C'est devant ce tribunal qu'il est procédé aux lici- » tations, et que doivent être portées les demandes

» relatives à la garantie des lots entre copartageans et
» celles en raison du partage.

Art. CXII. » L'estimation des immeubles est faite par
» experts choisis par les parties intéressées, ou, à leur
» refus, nommés d'office.

» Le procès-verbal des experts doit contenir en détail
» la valeur de l'objet estimé; il doit indiquer s'il peut
» être commodément partagé, de quelle manière; fixer
» enfin, en cas de division, chacune des parts qu'on peut
» en former et leur valeur.

Art. CXIII. » L'estimation des meubles, s'il n'y a pas
» eu de prisées faites dans un inventaire régulier, doit être
» faite par gens à ce connaissant, et à juste prix.

Art. CXIV. » Chacun des cohéritiers peut demander
» sa part en nature des meubles et immeubles de la suc-
» cession; néanmoins, s'il y a des créanciers saisissans ou
» opposans, ou si la majorité des cohéritiers juge la
» vente nécessaire pour l'acquit des dettes et charges
» de la succession, les meubles sont vendus publique-
» ment en la forme ordinaire.

Art. CXV. » Si les immeubles ne peuvent pas se
» partager commodément, il doit être procédé à la
» vente par licitation devant le tribunal.

» Cependant les parties, si elles sont toutes majeures,
» peuvent consentir que la licitation soit faite devant un
» notaire, sur le choix duquel elles s'accordent.

Art. CXVI. » Après que les meubles et immeubles
» ont été estimés et vendus, s'il y a lieu, le juge com-
» missaire renvoie les parties devant un notaire, dont
» elles conviennent, ou nommé d'office si les parties
» ne s'accordent pas sur le choix.

» On procède devant cet officier aux comptes que
» les copartageans peuvent se devoir, à la formation de
» la masse générale, à la composition des lots, et aux
» fournissemens à faire à chacun des copartageans.

Art. CXVII. » Chaque cohéritier fait rapport à la
» masse, suivant les règles qui seront ci-après établies,
» des dons qui lui ont été faits, et des sommes dont il est
» débiteur.

Art. CXVIII. » Si le rapport n'est pas fait en nature,
» les cohéritiers à qui il est dû, font, sur la masse de la
» succession, des prélèvemens convenables pour les
» égaler.

» Ces prélèvemens se font, autant que possible, en

» objets de même nature, qualité et bonté que les
» objets non rapportés en nature.

Art. CXIX. » Après ces prélèvemens, il est procédé, » sur ce qui reste dans la masse, à la composition d'au- » tant de lots égaux qu'il y a d'héritiers copartageans » ou de souches copartageantes.

Art. CXX. » Dans la formation et composition des » lots, on doit éviter, autant que possible, de morceler » les héritages et de diviser les exploitations; et il con- » vient de faire entrer dans chaque lot, s'il se peut, la » même quantité de meubles, d'immeubles, de droits » ou de créances de même nature et valeur.

Art. CXXI. » L'inégalité des lots en nature se com- » pense par un retour, soit en rente, soit en argent.

Art. CXXII. » Les lots sont faits par l'un des cohé- » ritiers, s'ils peuvent convenir entre eux sur le choix, » et si celui qu'ils avaient choisi accepte la commission : » dans le cas contraire, les lots sont faits par un expert » que le juge commissaire désigne.

» Ils sont ensuite tirés au sort.

Art. CXXIII. » Avant de procéder au tirage des » lots, chaque copartageant est admis à proposer ses » réclamations contre leur formation.

Art. CXXIV. » Les règles établies pour la division » des masses à partager, sont également observées dans » la subdivision à faire entre les souches copartageantes.

Art. CXXV. » Si, dans les opérations renvoyées de- » vant un notaire, il s'élève des contestations, le no- » taire dressera procès-verbal des difficultés et des dires » respectifs des parties, les renverra devant le commis- » saire nommé pour le partage, et, au surplus, il sera » procédé suivant les formes prescrites au Code judiciaire.

Art. CXXVI. » Si tous les cohéritiers ne sont pas » présens, ou s'il y a parmi eux des interdits ou des » mineurs même émancipés, le partage doit être fait » conformément aux règles prescrites pour les partages » faits en justice entre majeurs : s'il y a plusieurs mi- » neurs qui aient des intérêts opposés dans le partage, » il doit leur être donné à chacun un tuteur spécial et » particulier.

Art. CXXVII. » S'il y a lieu à licitation dans le cas » du précédent article, elle ne peut être faite qu'en » justice, avec les formalités prescrites pour l'aliénation » des biens des mineurs. Les étrangers y sont toujours » admis.

Art. CXXVIII. » Les partages faits conformément » aux règles ci-dessus prescrites, soit par les tuteurs, » avec l'autorisation d'un conseil de famille, soit par les » mineurs émancipés, assistés de leurs curateurs, soit » au nom des absens ou non présens, sont définitifs ; » ils ne sont que provisionnels, si les règles prescrites » n'ont pas été observées.

Art. CXXIX. » Tout individu, même parent du » défunt, qui n'est pas son successible, et auquel un » cohéritier aurait cédé son droit à la succession, » peut être écarté du partage, soit par tous les cohé- » ritiers, soit par un seul, en lui remboursant le prix » de la cession.

Art. CXXX. » Après le partage, il sera fait à » chacun des copartageans, une remise des titres parti- » culiers aux objets qui lui sont échus.

» Les titres d'une propriété divisée restent à celui qui » a la plus grande part, à la charge d'en aider ceux » de ses copartageans qui y auront intérêt, quand il en » sera requis.

» Les titres communs à toute l'hérédité sont remis » à celui que tous les héritiers ont choisi pour en être » le dépositaire, à la charge d'en aider les copartageans » à toute réquisition. S'il y a difficulté sur ce choix, il » est réglé par le juge. »

L'article CIII, premier du paragraphe, est discuté.

Le Consul Cambacérés demande quel motif a determiné la section à limiter à cinq ans la convention de suspendre le partage.

Le C. Treilhard répond que c'est par respect pour le principe, qui veut que personne ne demeure malgré lui dans l'indivision.

Le Consul Cambacérés dit que, suivant un autre principe, chacun peut renoncer aux facultés que la loi lui accorde ; qu'au surplus, on ne voit pas la raison qui a décidé la section à proposer le terme de cinq ans plutôt que tout autre : cette fixation paraît arbitraire.

Le C. Jollivet dit que cette limitation est dangereuse, sur-tout dans le cas où il existe une société de commerce formée sans la condition qu'elle durera pendant un laps de temps convenu.

Le C. TREILAARD dit que la société dans laquelle le défunt était engagé est dissoute par sa mort, et que ses héritiers sont tenus de se conformer aux règles particulières à cette sorte de contrat. Au surplus, il s'agit ici non de sociétés de commerce, mais de successions : cependant le terme de cinq ans deviendrait embarrassant, s'il expirait avant que la liquidation fût terminée ; mais alors les parties renouvelleraient leur convention.

Le CONSUL CAMBACÉRÉS dit qu'il importe d'expliquer qu'elles en ont le droit.

L'article est adopté avec cet amendement.

L'article CIV est discuté.

Le C. REGNAUD (de Saint-Jean-d'Angely) pense que cet article porterait souvent un préjudice considérable à l'héritier, sous le rapport des impenses qu'il aurait faites dans les biens dont il aurait eu pendant long-temps la jouissance.

Le C. TRONCHET dit que cette considération ne doit pas l'emporter sur le principe que l'héritier ne peut devenir propriétaire que par un partage ou par la prescription.

Le C. BIGOT-PRÉAMENEU ajoute que l'intérêt seul des tiers commanderait la disposition de l'article.

L'article est adopté.

Les articles CV, CVI, CVII, CVIII, CIX, CX et CXI sont adoptés.

L'article CXII est discuté.

Le C. TRONCHET dit que dans le projet de Code civil on avait, à la vérité, exigé que dans le procès-verbal d'estimation, les objets fussent indiqués en détail : mais cet usage entraîne de grands abus ; les experts multiplient les estimations en détail pour augmenter le prix de leurs procès-verbaux.

Le C. TREILHARD consent à la suppression proposée, pourvu que l'estimation ne se fasse pas en masse. Elle serait nécessairement inexacte.

L'article est renvoyé à la section.

Les autres articles du paragraphe sont adoptés.

Le §. II est ainsi conçu :

Des Rapports.

Art. CXXXI. » Tout héritier, même bénéficiaire, » venant à une succession, doit y rapporter tout ce qu'il » a reçu du défunt par donation entre-vifs, directement » ou indirectement; il ne peut réclamer les legs à lui » faits par le défunt, à moins que les dons et legs ne lui » aient été faits expressément par préciput et hors part, » ou avec dispense du rapport.

Art. CXXXII. » Dans le cas même où les dons et » legs auraient été faits par préciput ou avec dispense » du rapport, l'héritier venant à partage ne peut les » retenir que jusqu'à concurrence de la quotité dis- » ponible; l'excédant est sujet à rapport.

Art. CXXXIII. » L'héritier qui renonce à la succes- » sion, peut cependant retenir le don entre-vifs ou » réclamer le legs à lui fait, jusqu'à concurrence de » la portion disponible.

Art. CXXXIV. » Le donataire qui n'était pas hé- » ritier présomptif lors de la donation, mais qui se » trouve successible au jour de l'ouverture de la suc- » cession, doit également le rapport, à moins que le » donateur ne l'en ait dispensé.

Art. CXXXV. » Les dons et legs faits au fils de celui » qui se trouve successible à l'époque de l'ouverture » de la succession, sont toujours réputés faits avec dis- » pense du rapport.

» Le père, venant à la succession du donateur, n'est » pas tenu de les rapporter.

Art. CXXXVI. » Pareillement le fils, venant de son » chef à la succession du donateur, n'est pas tenu de » rapporter le don fait à son père, même quand il » aurait accepté la succession de celui-ci : si le fils ne » vient que par représentation, il doit rapporter ce qui » avait été donné à son père, même dans le cas où » il aurait répudié sa succession.

Art. CXXXVII. » Les dons et legs faits au conjoint » d'un époux successible, ne sont pas rapportables.

» Si les dons et legs sont faits conjointement à deux » époux, dont l'un seulement est successible, celui-ci » en rapporte la moitié; si les dons sont faits à l'époux » successible, il les rapporte en entier.

Art. CXXXVIII. » Le rapport ne se fait qu'à la suc- » cession du donateur.

Art. CXXXIX. » Le rapport est dû de ce qui a été

» employé pour l'établissement d'un des cohéritiers ou » pour le paiement de ses dettes.

Art. CXL. » Les frais de nourriture, d'entretien, d'é» ducation, d'apprentissage, les frais de noces et présens » d'usage, ne doivent pas être rapportés.

Art. CXLI. » Il en est de même des profits que » l'héritier a pu retirer des conventions passées avec le » défunt, si ces conventions ne présentaient aucun » avantage lorsqu'elles ont été faites.

Art. CXLII. » Pareillement il n'est pas dû de rapport » pour les associations faites, sans fraude, entre le père » et le fils, lorsque les conditions ont été réglées par » un acte authentique.

Art. CXLIII. » L'immeuble qui a péri par le cas for» tuit, et sans la faute du donataire, n'est pas sujet à » rapport.

Art. CXLIV. » Les fruits et les intérêts des choses » sujettes à rapport ne sont dus qu'à compter du jour de » l'ouverture de la succession.

Art. CXLV. » Le rapport n'est dû que par le co» héritier à son cohéritier ; il n'est pas dû aux légataires » ni aux créanciers de la succession.

Art. CXLVI. » Le rapport se fait en nature ou en » moins prenant.

CXLVII. » Il peut être exigé en nature à l'égard » des immeubles, toutes les fois que l'immeuble donné » n'a pas été aliéné par le donataire, et qu'il n'y a pas » dans la succession d'immeubles de même nature, valeur » et bonté, dont on puisse former des lots à-peu-près » égaux pour les autres cohéritiers.

Art. CXLVIII. » Le rapport n'a lieu qu'en moins » prenant, quand le donataire a aliéné l'immeuble avant » l'ouverture de la succession.

Art. CXLIX. » Dans tous les cas, il doit être tenu » compte au donataire, des impenses qui ont amélioré la » chose, eu égard à ce dont sa valeur se trouve aug» mentée au temps du partage.

Art. CL. » Il doit être pareillement tenu compte au » donataire, des impenses nécessaires qu'il a faites pour » la conservation de la chose, encore qu'elles n'aient » point amélioré le fonds.

Art. CLI. » Le donataire, de son côté, doit tenir » compte des dégradations et détériorations qui ont » diminué la valeur de l'immeuble par son fait ou par » sa faute et négligence.

Art. CLII.

Art. CLII. » Dans le cas où l'immeuble a été aliéné » par le donataire, les améliorations ou dégradations » commises par l'acquéreur doivent être imputées conformément aux trois articles précédens.

Art. CLIII. » Lorsque le rapport se fait en nature, » les biens se réunissent à la masse de la succession, » francs et quittes de toutes charges créées par le donataire ; mais les créanciers ayant hypothèque peuvent » intervenir au partage, pour s'opposer à ce que le » rapport se fasse en fraude de leurs droits.

Art. CLIV. » Lorsque le don d'un immeuble, fait » à un successible, avec dispense du rapport, excède la » portion disponible, le rapport de l'excédant se fait » en nature, si le retranchement de cet excédant peut » s'opérer commodément.

» Dans le cas contraire, si l'excédant est de plus de » moitié de la valeur de l'immeuble, le donataire doit » rapporter l'immeuble en totalité, sauf à prélever sur » la masse la valeur de la portion disponible : si cette » portion excède la moitié de la valeur de l'immeuble, » le donataire peut retenir l'immeuble en totalité, sauf » à moins prendre et à récompenser ses cohéritiers en » argent ou autrement.

Art. CLV. » Le cohéritier qui fait le rapport en » nature d'un immeuble, peut en retenir la possession » jusqu'au remboursement effectif des sommes qui lui » sont dues pour impenses ou améliorations.

Art. CLVI. » Le rapport du mobilier ne se fait qu'en » moins prenant.

» Il se fait sur le pied de la valeur du mobilier, lors » de la donation, d'après l'état estimatif annexé à l'acte ; » et à défaut de cet état, d'après une estimation par » experts.

Art. CLVII. » Le rapport de l'argent donné se fait en » moins prenant dans le numéraire de la succession.

» En cas d'insuffisance, le donataire peut se dispenser » de rapporter du numéraire, en abandonnant, jusqu'à » due concurrence, du mobilier ; et à défaut de mobilier, des immeubles de la succession. »

Les art. CXXXI, CXXXII, CXXXIII, CXXXIV, CXXXV et CXXXVI sont adoptés.

L'article CXXXVII est discuté.

Le C. Tronchet dit que cet article peut donner

lieu à des fraudes. Le père qui voudra avantager un enfant au préjudice des autres, pourrait, si cet enfant est marié et en communauté, donner à l'autre conjoint. L'enfant préféré prendrait ensuite la moitié du don, à titre de partage de communauté.

Le projet de Code civil proposait une autre règle. Il voulait, article CLXVII, que le rapport n'eût lieu, de la part de l'époux successible, que dans le cas où il profiterait du don, et pour la portion dont il en profite par l'effet de la communauté.

Le C. TREILHARD dit que la section a cru cette règle inutile, attendu que le père n'a pas besoin de masquer l'avantage qu'il veut faire au conjoint successible, puisqu'il peut ouvertement le dispenser du rapport.

Le C. TRONCHET dit qu'alors la section établit la présomption qu'il y a eu dispense du rapport, mais qu'il vaut mieux l'exprimer.

L'article est adopté avec l'amendement du C. *Tronchet*.

L'article CXXXVIII est adopté.

L'article CXXXIX est discuté.

Le C. REGNAUD (de Saint-Jean-d'Angely) dit que si la somme donnée pour l'établissement est consignée dans un acte, et s'il existe des quittances des dettes, il y a lieu à rapport, d'après les règles générales précédemment adoptées : l'article est donc pour le cas où le père n'a pas jugé à propos de prendre des titres qu'on pût un jour opposer à son fils ; et alors il est évident que le père a voulu donner sans aucune condition de rapport.

Le C. TREILHARD répond que lorsque la donation n'est pas prouvée, elle est réputée ne pas exister.

D'ailleurs, cet article ne doit pas être séparé de l'article suivant, qui empêche qu'on ne consume la portion de l'enfant par des imputations qui ne doivent pas lui être précomptées; mais il ne serait pas juste que le fils fût dispensé de rapporter les sommes qu'il a reçues de son père, soit en dot, soit pour former un établissement, soit pour payer ses dettes.

Le C. REGNAUD (de Saint-Jean-d'Angely) demande si un fils sera obligé de rapporter, lorsqu'ayant dépensé, pendant ses études, au-delà de la somme que son père lui avait allouée, celui-ci aura payé l'excédant, sans prendre de lui aucune quittance, et que le fait ne sera connu que par les mémoires trouvés parmi les papiers de la succession ?

Le C. TREILHARD répond qu'on se déciderait, en ce cas, par les circonstances. Les tribunaux ne condamneraient pas le fils à rapporter quelques sommes modiques que son père aurait payées pour lui ; mais il n'en serait pas de même si ces sommes formaient une partie considérable du patrimoine du père.

Le CONSUL CAMBACÉRÈS pense que l'article, juste en soi, doit cependant être limité au cas où il ne résulte pas des circonstances, que le défunt a voulu affranchir l'héritier du rapport. Au reste, cet article aura plus d'effet dans la ligne directe, où la loi établira une réserve, que dans la ligne collatérale, où la faculté de disposer recevra une plus grande latitude ; peut-être même ne devrait-il en avoir aucun dans cette dernière ligne.

Le C. TRONCHET dit qu'en effet, puisque le défunt a pu dispenser du rapport, son intention devient la seule règle qu'on puisse suivre : la loi ne peut la suppléer, quand elle n'est pas manifestée.

Le C. MALEVILLE *dit que jamais on n'a précompté* à un héritier ce qu'il avait reçu du défunt, à raison de son service militaire.

Le CONSUL CAMBACÉRÈS dit qu'il paraît nécessaire de s'en expliquer dans l'article.

Cet amendement est adopté.

Le C. REGNAUD (de Saint-Jean-d'Angely) insiste sur la proposition qu'il a faite, de ne pas assujettir au rapport les sommes que le père a dépensées pour payer les dettes contractées par son fils mineur.

Le rapport ne paraît juste que quand le fils est établi.

Le C. BERLIER pense que cet article comporte une distinction nécessaire : point de doute que le rapport ne soit dû à l'égard des dettes contractées par un individu majeur, et qui ont été acquittées par le défunt, à la succession duquel il vient avec d'autres héritiers. Mais doit-il en être ainsi des dettes faites en minorité ? Supposons un enfant, ou un jeune homme de seize à dix-huit ans, qui perde une forte somme au jeu, ou qui trouve chez des usuriers de l'argent pour satisfaire à quelques autres fantaisies de jeunesse : son père veut bien payer (cette conduite, sans doute, est louable) ; mais si le rapport est de droit rigoureux, qu'en résultera-t-il ? que, malgré toutes les précautions que les lois ont prises pour qu'un mineur ne pût contracter ni s'obliger valablement, celui-ci aura pu, en un jour et à l'avance, dissiper toute sa fortune, uniquement parce qu'il aura plu à son père de payer une dette illégale.

C'est, dira-t-on, la faute de l'enfant ; il est plus juste de la lui faire supporter qu'à tous autres.

Le C. *Berlier* ne se dissimule pas que cette réflexion a pour elle toutes les apparences de la justice ; cependant elle est loin de résoudre les inconvéniens qu'il a exposés. D'ailleurs il ne faut pas voir ici le seul fait de l'enfant ; celui du père y entre aussi sous plus d'un rapport : 1.° n'aura-t-il pas quelquefois des reproches à se faire ? les fautes que commet un enfant d'un âge aussi tendre, sont souvent le produit de la négligence des pères ; en second lieu, n'a-t il pas lui-même changé la condition légale de son fils ?

Il y a même cela de remarquable, que si le père a pu rendre obligatoire vis-à-vis de lui et des siens la dette qui ne l'était pas vis-à-vis du créancier originaire, les cohéritiers devraient bien avoir la faculté, dans le cas où la dette excéderait la part héréditaire, d'actionner en paiement de l'excédant ; ce qui n'est pas proposable.

Si l'on objecte que hors de là l'enfant restera sans frein, l'on peut répondre qu'outre la surveillance qui prévient les fautes, le père aura le droit de provoquer sa reclusion ; en pareil cas il y a lieu de punir l'enfant, mais non de le ruiner.

Le C. *Berlier* estime donc que pour ne pas mettre ce point de législation en désaccord avec tous les principes qui veillent pour la fortune du mineur, il conviendrait, même pour la tranquillité des familles, de jeter un voile officieux sur les dettes de l'espèce qu'on vient d'examiner, et de circonscrire l'action en rapport aux seules dettes *pour le paiement desquelles le cohéritier aurait pu être valablement poursuivi en justice* par le créancier remboursé.

Le C. TREILHARD dit que le mineur, arrivé à un certain âge, échappe en grande partie à la surveillance de son père : s'il entre au service ; s'il prend un état, il acquiert une espèce d'indépendance qui ne doit pas être funeste à ses frères ; l'indulgence qu'il mérite ne doit pas aller jusqu'à lui permettre de les ruiner.

Le père doit à son fils l'éducation, l'entretien, un état ; rien de tout cela ne sera rapporté : mais il n'est pas obligé de sacrifier une portion considérable de son patrimoine pour réparer les écarts du premier âge.

Au surplus, le principe consacré par l'article subsiste depuis long-temps, et jamais il n'a produit d'inconvéniens.

Le C. TRONCHET ajoute que la disposition proposée serait immorale ; elle inviterait le fils à dépenser : il importe au contraire de le contenir par l'obligation du rapport.

Le C. BERLIER dit que, dans ce système, un jeune homme de seize ans peut se ruiner en un moment ; cette peine est trop sévère. La loi met dans les mains du père un autre moyen de répression, c'est le droit de faire enfermer son fils.

Le C. BIGOT-PRÉAMENEU dit que l'article défère au père le droit qui, dans ce système, appartiendrait aux tribunaux : le père devient juge de la nécessité des dépenses ; et certes, la crainte de ruiner son fils l'empêchera de les payer légèrement.

Le CONSUL CAMBACÉRÉS dit que l'article ne fait que rappeler un principe reçu. Quelques inconvéniens dans l'application, ne doivent pas l'emporter sur l'intérêt de ne pas ruiner une famille entière par les prodigalités d'un jeune homme.

Il restera cependant à examiner si la disposition doit être tellement absolue, qu'elle aille jusqu'à faire refuser des alimens au fils.

L'article est adopté.

L'article CXL est adopté en y renvoyant l'amendement proposé par le Consul *Cambacérés*, et admis pendant la discussion de l'article précédent.

Les art. CXLI, CXLII, CXLIII, CXLIV, CXLV, CXLVI et CXLVII sont adoptés.

L'article CXLVIII est discuté.

Le C. TRONCHET pense qu'il est nécessaire de déterminer si l'héritier rapportera seulement le prix de la vente qu'il a faite, ou la valeur de l'immeuble au moment du partage ; cette dernière évaluation semble la plus juste.

Le CONSUL CAMBACÉRÈS est d'avis que l'héritier ne doit rapporter que la valeur exacte de l'immeuble, et non l'immeuble en nature; il n'est pas juste que, parce qu'il ne l'a pas aliéné, ses héritiers profitent des augmentations que le donataire aura faites à ses frais.

Le C. TRONCHET dit qu'on doit lui tenir compte de ces augmentations.

Le C. JOLLIVET dit que le donataire peut avoir reçu l'immeuble grevé d'hypothèques et les avoir purgées; cette considération ajoute aux motifs qui doivent faire écarter le rapport en nature. Il aurait d'ailleurs l'inconvénient de laisser la propriété incertaine, et d'affaiblir ainsi l'attachement du propriétaire.

On ne doit pas craindre, en l'excluant, de jeter de l'inégalité dans les partages : la valeur reçue sera rapportée; les améliorations dues aux soins du donataire doivent lui demeurer.

Le C. TRONCHET dit que la faculté accordée au donateur, de dispenser le donataire du rapport en nature, répond à toutes les objections; cette faculté est cependant renfermée dans les limites de la portion disponible.

Le Conseil adopte en principe, que lorsque l'immeuble aura été aliéné, le donataire en rapportera la valeur estimée au temps de l'ouverture de la succession.

L'article est renvoyé à la section.

Les articles CXLIX, CL, CLI et CLII sont adoptés.

L'article CLIII est discuté.

Le C. JOLLIVET dit que le donataire devient réellement propriétaire; il peut aliéner; il peut donc, à plus forte raison, grever d'hypothèques l'immeuble donné. Il résulte de là que les créanciers ne doivent pas être réduits à se défendre contre les cohéritiers qui demandent le rapport de l'immeuble; ils pourraient même n'être pas instruits de la demande en rapport et en partage : il semble donc que l'immeuble doit être rapporté avec les charges dont il est grevé et qui ont été conservées par des oppositions.

Le C. TREILHARD demande quel serait en ce cas le

sort des cohéritiers du donataire, si la succession entière se réduisait à l'immeuble donné.

Le C. TRONCHET dit que chacun doit connaître la condition de celui avec lequel il contracte, et que personne n'est reçu à alléguer pour excuse qu'il l'a ignorée.

Ainsi, quand on accepte pour gage un immeuble donné et sujet à rapport, on sait qu'on s'expose à se le voir enlever par l'événement d'un partage. On est réputé s'en être rapporté à la bonne-foi de son débiteur.

Le C. REGNAUD (de Saint-Jean d'Angely) dit que tout se réduit, pour le créancier, à examiner si le débiteur est réellement propriétaire : cette qualité appartient incontestablement au donataire ; et le projet en discussion le reconnaît, puisqu'il suppose que le donataire peut valablement aliéner. S'il lui est permis de vendre l'immeuble, à plus forte raison lui est-il permis de l'engager ; et, par une suite nécessaire, l'immeuble n'est plus sujet à rapport au préjudice du créancier : celui-ci ne peut perdre son gage et être réduit à une simple action.

Le C. JOLLIVET ajoute que, si l'on ne trouvait pas de sûreté à prêter au donataire, il ne pourrait obtenir des fonds qu'en aliénant l'immeuble donné : ainsi la faveur trop grande qu'on propose de donner aux héritiers, tournerait contre eux.

Le C. TRONCHET dit qu'on a tiré une fausse conséquence du principe qu'il est permis au donataire d'aliéner. La donation, en effet, est réputée faite par anticipation de la succession : il serait donc trop rigoureux de retenir dans la main du donataire la part héréditaire qu'il a reçue à l'avance ; ce serait l'empêcher d'en profiter pour améliorer sa fortune. Mais un simple créancier ne peut pas avoir dans la chose plus de droits que son débiteur. Au reste, ce n'est plus ici le seul cas où la jurisprudence admette un droit de propriété conditionnel.

Le C. PORTALIS dit que la question est difficile.

La donation transfère la propriété ; c'est une vérité reconnue. Le donataire devient-il propriétaire incommutable ! On se divise sur ce point ; mais il est indifférent ici. C'est par l'intention du donateur qu'on doit fixer la latitude qui appartient au donataire : or, puisque le donateur a entendu transférer la propriété de la chose, il est évident qu'il n'a pas voulu borner sa libéralité aux produits, car il n'eût donné qu'un usufruit; mais qu'il a voulu que le donataire usât de la chose pour tous les besoins auxquels lui donateur aurait pu l'employer : il aurait pu hypothéquer; il a donc voulu que le donataire pût l'hypothéquer aussi. Le donateur, en ce cas, exerce son droit de propriété par une main médiate, par celle de son représentant.

Si les cohéritiers réclament le rapport, les créanciers, pour les écarter, diront que quand ils ont accepté l'immeuble pour gage, le donataire avait le droit actuel de le leur hypothéquer, et qu'ils n'ont pas dû prévoir que ce droit pût éventuellement changer un jour.

Le C. BÉRENGER dit que si on permet au donataire de vendre, on ne peut l'empêcher d'hypothéquer. La manière de disposer ne change rien au droit de disposition : c'est en vertu du même droit qu'on hypothèque et qu'on aliène.

Mais si le fils donataire a un droit aussi étendu, il devient facile aux pères d'échapper à la disposition qui réserve une légitime aux enfans : ils feront une donation à l'enfant qu'ils voudront avantager.

Il importe d'examiner la question sous ce rapport.

Le C. TREILHARD répond au C. *Portalis :* il dit qu'on ne peut, sans doute, contester au donateur, avant la donation, le droit d'hypothéquer la chose, mais que ce droit ne passe au donataire que lorsque la donation est parfaite; si la donation n'est que conditionnelle, qu'elle soit modifiée par une réserve, comme une clause de retour par exemple, il est évident que le donateur n'a pas voulu transmettre la plénitude de ses droits au donataire, ni le droit de disposer indéfiniment.

Le CONSUL CAMBACÉRÉS dit que l'embarras naît ici de la loi qui abolit les hypothèques légales.

Un père a donné un immeuble à un de ses enfans : si la donation excède la portion disponible des biens du père, ses autres enfans ont le droit de venir prendre leur légitime sur l'immeuble donné. Dans l'ancienne législation, leurs droits étaient conservés par l'hypothèque légale : aujourd'hui qu'elle n'existe plus, le créancier du donateur repoussera les légitimaires, en leur opposant qu'il les prime parce qu'il s'est fait inscrire avant eux.

Le C. TRONCHET dit que le rapport a lieu, par cela seul qu'il est une condition de la donation, et indépendamment de toute hypothèque légale. Cette condition modifie

modifie toujours implicitement la donation, quand elle n'a pas été formellement conclue, et elle rend la propriété du donataire éventuelle.

La seule difficulté qui reste, consiste à savoir si elle permet de distinguer entre la vente et l'hypothèque. Mais, depuis un temps immémorial, il est reçu que, quoique le donataire puisse aliéner, il ne peut cependant pas hypothéquer. Cette distinction est fondée sur ce que la loi a pu se reposer sur l'affection paternelle, du soin de conserver la légitime aux enfans. La même raison de confiance n'existe pas pour l'hypothèque de la chose donnée; car alors ce n'est plus le donateur, c'est le donataire qui dispose.

S'il fallait absolument opter entre la prohibition de vendre, et la faculté de vendre entraînant le droit d'hypothéquer, la prohibition serait préférable.

Le CONSUL CAMBACÉRÈS dit que, dans le droit écrit, l'immeuble grevé n'en était pas moins sujet au rapport; que même on évinçait l'acquéreur du donataire, lorsque les autres biens de la succession ne suffisaient pas pour fournir la légitime.

L'article est renvoyé à la section.

Les articles CLIV et CLV sont adoptés.

L'article CLVI est discuté.

Le C. MALEVILLE pense que les immeubles doivent être estimés suivant la valeur qu'ils ont, non au temps de la donation, mais à l'époque où la succession s'ouvre. Cette règle, qui est suivie à l'égard des immeubles, doit l'être, à plus forte raison, à l'égard des meubles qui dépérissent par l'usage. Si le donataire les eût gardés, il les rapporterait dans l'état où ils se trouveraient.

Le C. TRONCHET dit qu'il est juste de suivre des règles différentes pour les meubles que pour les immeubles. Ceux-ci ne sont pas diminués par la jouissance : au contraire, l'usage est la seule jouissance qu'on puisse tirer des meubles; et cet usage les dégrade pour le profit du donataire.

De plus, les meubles sont donnés en pleine propriété : or *res perit domino.*

Le C. MALEVILLE répond qu'on ne doit s'attacher qu'à rendre à la succession les valeurs dont elle est privée;

donc le prix des meubles ne peut être calculé qu'au moment où la succession a droit de les réclamer.

Le C. REGNAUD (de Saint-Jean-d'Angely) distingue les meubles précieux et non sujets à altération, comme les diamans, l'argenterie, des meubles qui se détériorent par l'usage. La valeur des premiers lui paraît devoir être rapportée en entier. Dans le rapport des autres, il convient de supputer la détérioration qu'ils ont dû éprouver, et qui en eût diminué la valeur, quand ils seraient restés entre les mains du donateur.

L'article est adopté.

L'article CLVII est adopté.

Le §. III est ainsi conçu :

Du Paiement des Dettes.

Art. CLVIII. » Les cohéritiers contribuent entre » eux au paiement des dettes et charges de la succes- » sion, chacun dans la proportion qu'il y prend.

CLIX. » Le légataire à titre universel contribue avec » les héritiers au prorata de son émolument; mais le léga- » taire particulier n'est pas tenu des dettes et charges, » sauf toutefois l'action hypothécaire sur l'immeuble » légué.

Art. CLX. » Lorsqu'un immeuble de la succession est » grevé d'une rente par hypothèque spéciale, il doit » être estimé au même taux que les autres immeubles : » il est fait déduction du capital de la rente, sur le prix » total; l'héritier dans le lot duquel tombe cet im- » meuble, demeure seul chargé du service de la rente, » et il doit en garantir ses cohéritiers.

Art. CLXI. » Les héritiers sont tenus des dettes et » charges de la succession, personnellement pour leur » part et portion virile, et hypothécairement pour le » tout, sauf leur recours, soit contre les cohéritiers, soit » contre les légataires universels, à raison de la part » pour laquelle ils doivent y contribuer.

CLXII. » Le légataire particulier qui a acquitté la » dette dont l'immeuble légué était grevé, demeure su- » brogé aux droits du créancier contre les héritiers et » successeurs à titre universel.

Art. CLXIII. » Le cohéritier ou successeur à titre » universel, qui, par l'effet de l'hypothèque, a payé au- » delà de sa part de la dette commune, n'a de recours

» contre les autres cohéritiers ou successeurs à titre universel, que pour la part que chacun d'eux doit personnellement en supporter, même dans le cas où le cohéritier qui a payé la dette, se serait fait subroger aux droits des créanciers; sans préjudice néanmoins des droits d'un cohéritier qui, par l'effet du bénéfice d'inventaire, aurait conservé la faculté de réclamer le paiement de sa créance personnelle comme tout autre créancier.

Art. CLXIV. » En cas d'insolvabilité d'un des cohéritiers ou successeurs à titre universel, sa part dans la dette hypothécaire est répartie sur tous les autres, au marc le franc.

CLXV. » Les créanciers ne peuvent exercer de poursuites contre l'héritier personnellement, qu'après avoir fait déclarer exécutoires contre lui les titres qu'ils avaient contre le défunt.

Art. CLXVI. » Ils peuvent demander, dans tous les cas, et contre tout créancier, la séparation des patrimoines du défunt d'avec le patrimoine de l'héritier.

Art. CLXVII. » Ce droit ne peut cependant plus être exercé, lorsqu'il y a novation dans la créance contre le défunt, par l'acceptation de l'héritier pour débiteur.

Art. CLXVIII. » Il se prescrit, relativement aux meubles, par le laps de trois ans.

» A l'égard des immeubles, l'action peut être exercée tant qu'ils existent dans la main de l'héritier.

Art. CLXIX. » Les créanciers de l'héritier ne sont point admis à demander la séparation des patrimoines contre les créanciers de la succession.

Art. CLXX. » Les créanciers hypothécaires d'un copartageant, pour éviter que le partage ne soit fait en fraude de leurs droits, peuvent s'opposer à ce qu'il y soit procédé hors de leur présence, et y intervenir à leurs frais; mais ils ne peuvent attaquer un partage consommé, à moins toutefois qu'il n'y ait été procédé sans eux et au préjudice d'une opposition qu'ils auraient formée. »

L'article CLVIII, premier du paragraphe, est adopté.

L'article CLIX est discuté.

Le CONSUL CAMBACÉRÈS dit que puisque l'hypothèque légale ne subsiste plus, le légataire particulier ne doit pas supporter des dettes auxquelles le corps certain qui lui est légué se trouve hypothéqué.

Le C. TREILHARD dit qu'il a son recours contre la succession.

Le C. TRONCHET dit que le testateur est censé avoir légué la chose dans l'état où elle se trouvait. L'hypothèque spéciale est comme une charge foncière inhérente à l'immeuble et qui le diminue. La perte doit naturellement tomber sur le légataire ; car si l'immeuble était grevé avant le testament, le testateur l'a su, si depuis le testateur l'a voulu.

Le C. BIGOT-PRÉAMENEU dit que l'hypothèque ne peut être assimilée aux charges foncières ; elle ne diminue pas l'immeuble, elle en fait le gage d'une dette.

Le C. TRONCHET reconnaît ce principe.

L'article est adopté.

L'article CLX est discuté.

Le C. TRONCHET pense que l'héritier dans le lot duquel tombe l'héritage chargé d'une rente, doit être forcé au remboursement, afin que la garantie de ses cohéritiers ne soit pas indéfinie.

Le C. REGNAUD (de Saint-Jean-d'Angely) observe que l'article semble remédier à cet inconvénient. En asseyant la rente sur l'immeuble donné, il le grève d'une hypothèque spéciale qui fait cesser toutes les autres hypothèques.

Le C. JOLLIVET dit que c'est ainsi que s'exécute la loi du 11 brumaire.

Le C. TRONCHET objecte qu'on peut prendre hypothèque sur plusieurs immeubles.

Le C. TREILHARD répond que l'article a tout prévu. Un seul héritier est chargé de la rente : ainsi, si le créancier vient prendre une inscription sur les bons des autres héritiers, le tribunal l'écartera.

Le C. TRONCHET observe que la rente peut être hypothéquée sur plusieurs immeubles répartis dans des lots différens.

Le C. TREILHARD dit que, dans ce cas, les cohéritiers de celui qui est garant poursuivent contre lui la radiation des inscriptions formées sur leurs biens. Si le créancier les attaque, ils exigent qu'il soit remboursé.

Le C. TRONCHET dit que c'est ce qu'il desire voir exprimer dans l'article.

L'article est adopté, avec l'amendement du C. *Tronchet.*

Les articles CLXI, CLXII, CLXIII et CLXIV sont adoptés.

L'article CLXV est discuté.

Le C. MALEVILLE dit que cet article introduit une formalité tout-à-la-fois inutile et dispendieuse. Il suffirait d'un commandement à l'héritier, comme dans les pays de droit écrit. Le mort saisit le vif; donc le titre qui était exécutoire contre le défunt, l'est de plein droit contre son héritier.

L'article est renvoyé à la section.

Les articles CLXVI, CLXVII et CLXVIII sont adoptés.

L'article CLXIX est discuté.

Le CONSUL CAMBACÉRÉS pense que cet article doit être basé sur les mêmes principes que l'article CLXV.

L'article est renvoyé à la section.

L'article CLXX est discuté.

Le C. JOLLIVET rappelle qu'un des articles précédens défend de disposer d'une succession non échue; l'héritier n'a donc pu l'hypothéquer, et les créanciers n'ont pu traiter avec lui sur la foi de cette garantie. Ainsi le mot *hypothécaire* semble devoir être retranché.

L'article est adopté avec cet amendement.

Le §. IV est ainsi conçu :

Des Effets du Partage, et de la Garantie des Lots.

Art. CLXXI. « Chaque cohéritier est censé avoir » succédé seul et immédiatement à tous les effets com- » pris dans son lot, ou à lui échus sur licitation, et n'a- » voir jamais eu la propriété des autres effets de la suc- » cession.

Art. CLXXII. » Les cohéritiers demeurent respec- » tivement garans, les uns envers les autres, des troubles » et évictions seulement qui procèdent d'une cause an- » térieure au partage.

» La garantie n'a pas lieu si l'espèce d'éviction

» soufferte a été exceptée par une clause particulière et » expresse du partage ; elle cesse, si c'est par sa faute » que le cohéritier souffre l'éviction.

Art. CLXXIII. » Chacun des cohéritiers est per- » sonnellement obligé, en proportion de sa part hérédi- » taire, d'indemniser son cohéritier de la perte que lui » a causée l'éviction.

» Si l'un des cohéritiers se trouve insolvable, la por- » tion dont il est tenu doit être également répartie entre » le garanti et tous les cohéritiers solvables.

Art. CLXXIV. » La garantie de la solvabilité du débi- » teur d'une rente, ne peut être exercée que dans les » cinq ans qui suivent le partage. Il n'y a pas lieu à ga- » rantie, à raison de l'insolvabilité du débiteur, quand » elle n'est survenue que depuis le partage consommé. »

Les articles CLXXI, CLXXII, CLXXIII et CLXXIV, qui composent ce paragraphe, sont adoptés.

Le §. V est ainsi conçu :

De la Rescision en matière de Partage.

Art. CLXXV. « Les partages peuvent être rescindés » pour cause de violence ou de dol.

» Il peut aussi y avoir lieu à rescision, lorsqu'un des » cohéritiers établit, à son préjudice, une lésion de plus » du quart.

Art. CLXXVI. » L'action en rescision est admise » contre tout acte qui a pour objet de faire cesser » l'indivision entre cohéritiers, encore qu'il fût qualifié » de vente, d'échange et transaction, ou de toute autre » manière.

» Mais après le partage, ou l'acte qui en tient lieu, » l'action en rescision n'est plus admissible contre la » transaction faite sur les difficultés réelles que présen- » tait le premier acte, mais quand il n'y aurait pas eu » à ce sujet de procès commencé.

Art. CLXXVII. » L'action n'est pas admise contre » une vente de droit successif faite sans fraude à l'un » des cohéritiers, à ses risques et périls, par ses autres » cohéritiers ou par l'un d'eux.

Art. CLXXVIII. » Pour juger s'il y a eu lésion, on » estime les objets suivant leur valeur à l'époque du » partage.

Art. CLXXIX. » Le défendeur à la demande en

» rescision peut en arrêter le cours et empêcher la destruction du partage, en offrant et en fournissant au demandeur le supplément de sa portion héréditaire, soit en numéraire, soit en nature.

Art. CLXXX. » Le cohéritier qui a aliéné son lot, en tout ou partie, n'est plus recevable à intenter l'action en rescision pour dol ou violence, si l'aliénation qu'il a faite est postérieure à la découverte du dol ou à la cessation de la violence. »

L'article CLXXV, premier du paragraphe, est discuté.

Le C. TREILHARD dit que la section a cru ne devoir pas faire de l'erreur du fait une cause particulière de rescision. Cette cause en effet se confond avec la lésion; car, ou l'erreur d'effet produit un dommage, ou elle est indifférente.

Le C. MALEVILLE observe que l'erreur peut produire une lésion qui, cependant, ne soit pas du quart.

Le CONSUL CAMBACÉRÉS dit qu'en effet il y a une difficulté à résoudre. La section entend-elle que la lésion produite par l'erreur du fait ne doive rien changer au partage? Qu'arrivera-t-il, par exemple, si un bien ayant été par erreur compris dans le lot de l'un des héritiers, il en résulte pour les autres une lésion d'un sixième.

Le C. TREILHARD répond que, d'après les précautions établies, une semblable erreur devient presque impossible. Si cependant elle existait, on procéderait à un supplément de partage.

Le CONSUL CAMBACÉRÉS pense que l'article doit l'exprimer.

Le C. TREILHARD propose de dire que l'omission d'un bien de la succession n'opérera pas la nullité du partage, mais donnera lieu à un partage supplémentaire.
L'article est adopté avec cet amendement.

L'article CLXXVI est discuté.

Le C. TRONCHET dit que s'il est un auteur qui ait admis qu'un premier partage fait en forme de transaction pouvait être attaqué, *Dumoulin* le regarde comme une véritable transaction, et veut qu'il en ait toute la force. Et en effet, c'est parce que les transactions éteignent les procès, qu'on leur accorde le privilége de ne pouvoir être attaquées. Pourquoi des héritiers qui méritent la faveur de la loi, seraient-ils privés de l'avantage d'étouffer leurs contestations ! Tous les caractères de la transaction se rencontrent dans le partage qu'ils font pour atteindre ce but : il y a matière à transiger, puisqu'il y a des difficultés entre eux ; leur partage est qualifié, par eux-mêmes, de transaction ; il doit en avoir les effets, *in eâ re in quâ transactum est*, car la transaction peut être partielle. On pourrait, par exemple, contester l'estimation d'un immeuble ou la qualité d'un héritier ; on donne une somme à ce dernier, à la charge de se désister de ses prétentions ; on reçoit un complément de celui auquel l'immeuble est échu : c'est là une véritable transaction.

Le C. TREILHARD dit que la section s'est déterminée par la considération que le premier acte que les héritiers font entre eux, tend toujours à partager la succession : ainsi cet acte doit être résoluble dans les mêmes cas que tout autre partage : peu importe qu'on l'ait appelé une transaction ; il faut s'arrêter plus à la réalité qu'au titre. On sait que souvent les parties supposent des difficultés imaginaires, pour donner à leur acte le privilége des transactions : ensuite il y a un premier procès sur le véritable caractère de l'acte. L'article évite ce procès aux héritiers.

L'article est renvoyé à la section.

Les articles CLXXVII, CLXXVIII, CLXXIX et CLXXX sont adoptés.

La Séance est levée.

À PARIS, DE L'IMPRIMERIE DE LA RÉPUBLIQUE.
5 Ventôse an XI.

www.ingramcontent.com/pod-product-compliance
Ingram Content Group UK Ltd.
Pitfield, Milton Keynes, MK11 3LW, UK
UKHW021041260726
13994UKWH00005B/2285

9 782329 411736